77歳、石原洋子のからだが整うスープ

はじめに

今年で私も77歳。年齢を重ねていくと、一汁三菜では食べ過ぎになることもしばしば。汁ものをたっぷりいただくと、ほかのおかずが食べられなくなってしまい、60代とは違って、食事の量が減ってきたように感じます。

そこで考えたのが「スープでごはん」です。

野菜にたんぱく質を加えた具だくさんのスープにすれば、あとは主食だけで、しっかりとした一食になります。しかも肉や魚のコクと野菜のうまみが合わさって相乗効果が生まれ、味もおいしくなります。

汁ごといただくので、栄養を逃すことなく補給できるのも、大きなメリットです。

さらに、野菜は煮ることで、生でいただくよりかさが減り、量もたくさん食べられます。また、やわらかく煮ることで、味がよくなり、消化もしやすく、からだへの負担もありません。

調理がラクなのもうれしいことです。ひと鍋で簡単に作れ、短時間ででき上がりますし、温め直しても充分おいしいので、余裕があるときに作っておくこともできます。

夏は熱々でなく適度な温度で、冬はからだが芯から温まる温

度でいただきます。栄養たっぷりの水分補給を続けていると、自然とからだが整います。おかげで毎日楽しく、元気に仕事を続けることができています。

この本のスープが、みなさんの食卓の楽しさと健康のお役に立つことを願っています。

石原洋子

もくじ

第1章 たんぱく質と野菜たっぷりのひと皿安心スープ

おかゆはお米のスープです。

第2章 作りおきが便利な即席スープ

第3章 一生作り続けたいわが家の定番スープ

〈この本の決まり〉

*大さじ１は15mℓ、小さじ１は5mℓ、１カップは200mℓです。

*調味料は特に指定のない場合は、しょうゆは濃口、塩は天日塩、砂糖は上白糖、オリーブ油はエクストラバージンオリーブ油、小麦粉は薄力粉を使用しています。

*野菜の「洗う」「皮をむく」「ヘタや種を取る」「水けをきる」などの下ごしらえは特別な場合を除き、省略しています。

*火加減は特に表示がない場合は「中火」です。

わが家のスープ

ひと皿で主菜と副菜の栄養、そして満足感が得られるスープを求めてきました。

昔から定番は
具だくさんスープでした。

1970年代後半、私が料理の仕事を始めた頃は、海外で学んだ料理人や料理研究家が本格的な西洋料理を広めていた時期でした。澄んだコンソメの奥深い味やクリーミーなポタージュのなめらかさが新鮮で、骨からブイヨンをとったり、馬毛の裏漉し器で野菜を漉したりしたものです。

当時よく作っていたのは、ミネストローネ、ポトフ、チャウダーなど具だくさんのスープ。お料理教室でも紹介して、好評だったことを覚えています。

何でも野菜のスープが
朝の定番メニューになったことも。

夫の退職後、朝食の準備は夫の担当です。私が試作で残った野菜をどうするか困っていたところ、夫がそれらすべてを煮て、野菜スープを作ってくれました。

「むだなく健康的で一石二鳥！」と、夫はご満悦。以来、何でも野菜のスープは朝の定番メニューとなりました。私も野菜がもつうまみと力強さに改めて感心しながらいただいていましたが、どうも「大人のスープ」だったようで…。

ある朝、泊まりに来ていた孫が顔をしかめて、「ジイジ、これはバツ！」と、手を×印にして拒否！以後、このスープはいつの間にか食卓から消えていきました。

現在は、からだによく、
簡単に作れる具だくさん
スープが中心です。

そして今、わが家のスープは具だくさんで栄養のバランスがよく、手軽に作れるスープになりました。それが本書で紹介する「からだが整うスープ」です。

スープにはたんぱく質、いろいろな野菜を加え、ひと皿で多くの栄養素が摂れるようにします。

「からだが整うスープ」は からだの変化から生まれました。

シニアになると、噛みにくい、飲み込みづらい、食が細くなるといった話をよく耳にします。幸い、夫も私も今はまだそうした悩みはないのですが、食べる量は以前ほどではありません。

そこで少ない量で必要な栄養素を効率よく摂りたいと考えて作ったのが、「からだが整うスープ」です。

例えば、ある日の献立を、豚肉のソテーの大根おろしがけ、きんぴらごぼう、里いもとねぎのみそ汁にしたとしましょう。これを豚汁に置き換えてみます。量の差はありますが、豚汁には献立の食材すべてが入るので、同じ栄養素が摂れます。

そのうえスープや汁なら、野菜から溶け出した栄養も摂取できます。大根おろしのおろし汁のように、栄養をむだにしなくてすむのです。

肉も野菜もやわらかくなり、汁けがあるので食べやすいということも、シニアにはうれしい利点と言えるでしょう。

栄養のバランスは1日を目安に考えましょう。

スープと汁は一度にいろいろな栄養素を摂るのに適したメニューですが、1日に必要な栄養を完全にカバーできるというわけではありません。

なので1日1食は具だくさんのスープや汁にし、不足分は残りの食事で補う、といったように、ゆるく考えるとよいと思います。

「からだが整うスープ」作りは簡単です。基本的には、切った材料を水から煮るだけ。後片づけもラクです。

手順がシンプルだから、気楽に取りかかれます。

ほとんどが鍋に水と食材を入れて煮ればよいレシピです。ひと手間かけるといっても、せいぜい水を加える前に、食材を炒めるだけ。またはアクをていねいに取るだけ。

作る手順もいたってシンプルなので、レシピと首っ引きで作る必要はありません。

そのうえベースになる液体は水です。前もってブイヨンなどをとらなくていいので、スープの具と調味料さえそろっていればすぐに取りかかれます。

料理を始めたばかりの人にもおすすめです。

基本的な作り方は「材料を切る→鍋で煮る」です。とても単純。料理を始めたばかりの人も迷わずに作れると思います。

また、最近は私たちの世代でも、簡単な料理なら、妻に代わって作ってみたいと考えている夫が増えつつあります。そんな場合にもおすすめできる料理だと思います。

使う調理器具が少ないから、洗いものも少ない。

最後にもうひとつ、具だくさんひと皿スープには、思いがけないおまけが待っています。後片づけです。

鍋ひとつで作れて、盛りつけの器もひとつということは、洗いものが格段に少ないということです。食後の片づけがラク！　これは作った人でなければわからない、うれしいおまけです。

忙しいとき、気力がないとき、みそ汁の素とポタージュの素があれば安心です。

冷凍室にはいつも作りおきスープがあります。

料理作りが仕事である私でさえ、夫が留守でひとりで夕食を摂るときは、おにぎりだったり、パンにハムとチーズだったり、手のかからない軽食でさっとすませがちです。

こんな簡単な食事でも、ほしいのがみそ汁やスープ。そんなときは冷凍室からみそ汁の素やポタージュの素を取り出し、一品追加します。

みそ汁の素は冷凍しても固まらず、熱湯を注げばでき上がり！

みそ汁の素は、みそにだし粉（いりこ、削り節、昆布を炒って粉砕したもの）を混ぜて作ります（P62参照）。

みそ玉と同じですが、丸めません。容器に入れて保存し、そこから直接すくってお椀に入れます。刻みねぎなどを加えて熱湯を注げばでき上がり。忙しい朝にも役立つ作りおきです。

ポタージュのために、素だけを多めに作って冷凍します。

じゃがいも、とうもろこし、かぼちゃなど、色鮮やかなポタージュは、昔からわが家で手作りしてきたスープです。子供たちも、孫たちも、そして私たちも大好きなので、なんとか手軽に飲めるようにできないかと考えたのが、ポタージュの素です（P68参照）。

野菜のピュレまでを作って冷凍します。飲むときに解凍し、牛乳を加えて温めればいいだけ。これがあると、初めから作るよりずっとラクです。

試作を重ねてたどり着いた「水から作るスープ」。市販のスープの素を加えなくても、おいしいスープは作れます。

素材から出るうまみと基本調味料だけで、スープの味は充分です。

私のスープは市販のスープの素やだしの素を使わず、水から作ります。豚汁やけんちん汁など具だくさんの汁なら、だし汁も使いません。

かつてはスープのベースとして、固形や粉末のスープの素を使っていた時期もありましたが、いつも同じ味になってしまうことに気づきました。たとえ具材をかえても、どこか似通った味になってしまい、飽きてしまうのです。

それだったら、そうした既製の味に頼らず、食材や調理法、火加減などを工夫することによって、おいしさを作り出すことはできないだろうか。そう考えたのが、水から作るスープに方向転換したきっかけです。

「おいしさ」の種明かし①

具だくさんのスープは、おのずとおいしくなります。

先に、具だくさんにすると、スープや汁は栄養価が高くなると書きましたが、うまみも同じことが言えます。

肉と複数の野菜をミックスすることによって、肉と1種類の野菜で作るよりも、おいしさがアップするのです。うまみの相乗効果とも言うべき現象が自然に生まれます。

「おいしさ」の種明かし②

野菜は味のベースになります。

玉ねぎ、にんじん、セロリ、トマト、大根、キャベツなど、野菜にはそれぞれ特有のうまみがあります。スープに野菜を加えることで、肉のクセが消え、コクも生まれます。

特に玉ねぎは味の基本。少しでも加えるとスープの甘みが増し、味がよくなります。

「おいしさ」の種明かし③

蒸し炒めでうまみを！

本書のレシピのなかで「ふたをして弱火にし、ときどき混ぜながら蒸し炒めにする」という表現が出てきます。これが蒸し炒めのやり方です。

おもに野菜に対して行います。野菜そのものの水分によって汗をかかせ、そのうまみを引き出すのが目的です。

「おいしさ」の種明かし④

塩は少しずつ加えていきます。

年をとると塩分を多く摂りがちになるため、塩は控えめにするようにいわれます。それは健康のためばかりではありません。味つけにも大切なことです。

ご存じのように、塩は味つけのかなめです。一般に、初めから塩を多く加えてしまうと修正ができないので、少しずつ加えていくほうがよいといわれます。

また、スープは汁を残らず飲み干すので、塩分が多いと食後に喉が渇いてしまいます。

しかし、理由はそれだけではありません。実は塩をほんの少しずつ足していくと、ある時点で甘みがヒュッと引き立つ瞬間があるのです。境界ラインとでもいうのでしょうか、それを見つけるためにも、塩は分量の少し手前まで入れ、後は調整しながら加えていくとよいと思います。

「おいしさ」の種明かし⑤

1回分ずつ作りましょう。

スープというと、大鍋でたっぷり作るというイメージではないでしょうか。

でも、それは家族が多かった時代の話。わが家のように夫婦ふたり暮らしになったら、一度にいっぱいの量を作って、何日もかけて温め直しながら食べるよりも、その日にいただく分だけを作って食べきることをおすすめします。スープも汁も味わいが旬のうちに楽しむようにしましょう。

鍋は小鍋か小さめのフライパン、調味料は混じりけのない純粋なものを。

2人分なら、鍋は直径18cm、フライパンは直径22cmくらいのものが目安です。

夫婦ふたり暮らしになっても、鍋釜は子育て時代とまったく同じという家庭も多いのではないでしょうか。鍋が大きいと、作る分量もつい多くなりがちです。なかにはスープは重いほうろう鍋を持ち出さなければならないから面倒と語る人もいます。

わが家では直径18cm×高さ8cmほど、少し厚めのステンレス製の鍋を使っています。小さく感じるかもしれませんが、2人分だったらこれで充分です。加熱時間も短くてすみ、効率的に調理できます。

フライパンは直径22cmの少し厚手のフッ素樹脂加工のものを使っています。最近のフライパンは以前のようにペラペラではなく、厚みもあるので、これでスープも作れます。先に肉を炒めるレシピのときなどは、こびりつかないのでフライパンが便利です。

調味料はラベルの原材料名を確認して買うようにしています。

市販のスープの素、だしの素などは使わないので、調味料は特にこだわりをもって選んでいます。うまみ成分などの添加物がないほうが、素材の持ち味を味わえます。

なかには近所のスーパーで見かけないものもあると思いますが、選ぶときの参考にしていただければ幸いです。

塩は伝統的製法で作られている自然塩を使っています（海の精）。

しょうゆは大豆、小麦、塩から造られる濃い口しょうゆです（消費者御用蔵　国産特別栽培醤油蔵造り）。

サンラータンやシェントウジャンなど中華のスープに加える黒酢は、甘みとコクがある国産のものを使っています（臨醐山黒酢）。

酒は吟醸、純米、本醸造ではなく、単なる普通酒です（金印　黄桜）。味も辛口や甘口に偏らないので、料理には向いています。

第1章

たんぱく質と野菜たっぷりのひと皿安心スープ

温かく栄養のあるスープをいただくと、
からだも心もすこやかに整っていく感じがします。

鶏肉、しいたけ、白菜のスープ

材料（２人分）

鶏もも肉…小１枚（200g）
▶ひと口大に切る

白菜…２枚（200g）
▶軸と葉先に分けて、
軸はひと口大に切り、
葉先は大きめのざく切り

しいたけ…５～６枚（80g）
▶半分に切る

しょうが…１かけ
▶薄切り

A
酒…大さじ２
塩…小さじ2/3
こしょう…少々

作り方

1 鍋に水２と1/2カップと鶏肉を入れて中火で煮立て、アクを取る。

2 白菜、しいたけ、しょうが、Aを加え、ふたをする。再び煮立ったら弱火にし、野菜がやわらかくなるまで８～10分煮る。

ホッとしたいときによく作るスープです。
鶏のうまみを水から引き出し、
しいたけと白菜を加えます。
甘い白菜にスープがしみ込み、やさしく心安らぐ味。
鶏肉は強火ではなく、
中火で、ゆっくり煮立ててください。

しょうがの効果でしょうか。寒い夜、このスープをいただくとからだが温まり、ぐっすり眠れます。

しょうがはたっぷり加えます。すがすがしい辛みと香りが味のアクセントに。

手羽元、にんじん、玉ねぎの押し麦スープ

手羽元を40分ほどじっくり煮ます。肉がほろっと骨離れよく、スープは押し麦のとろみと甘みが溶け出して、味わいが増します。押し麦は水溶性の食物繊維が多い食材。コレステロール値の上昇防止のために、ごはん、サラダ、スープなどに加えています。

材料（2人分）

鶏手羽元…6本（400g）
▶骨に沿って切り込みを入れ、水けをふく

玉ねぎ…1個（200g）
▶4つ割り

にんじん…大1本（200g）
▶4～6等分の長さの乱切り

押し麦…大さじ2（20g）

A
- 酒…大さじ2
- 塩…小さじ2/3
- こしょう…少々

作り方

1 鍋に鶏手羽元と水3カップを入れて中火で煮立て、アクを取る。ふたをして弱火で10分ほど煮る。

2 にんじん、玉ねぎ、押し麦、Aを加え、さらに30分ほどふたをして煮る。

鶏肉よりもきのこのおいしさを堪能するためのスープです。
きのこはたっぷり、しかも2種類使います。
そのほうがそれぞれの味が出て、うまみが増すからです。
だからこそ鶏肉はコクのあるもも肉よりも
むね肉で味わいたいと思います。

鶏肉ときのこのオニオンスープ

材料(２人分)

鶏むね肉…1/2枚(150g)
▶小さめのひと口大にそぎ切り

玉ねぎ…1/2個(100g)
▶横半分に切り、縦に薄切り

マッシュルーム…１パック(100g)
▶縦半分に切り、薄切り

しめじ…１パック(100g)
▶１本ずつにほぐし、長さを２～３等分に切る

パセリ…少々
▶みじん切り

A［塩…小さじ2/3
　 こしょう…少々

サラダ油…大さじ１

作り方

1 フライパンにサラダ油を熱し、玉ねぎを薄く色づくまで５分ほど炒める。きのこを加えて２～３分炒めてしんなりさせ、水２と1/2カップを加えて煮立てる。

2 鶏肉を加え、菜箸でざっとほぐす。煮立ったらアクを取り、１分ほど煮て、Aで調味する。器に盛り、パセリを散らす。

鶏肉とブロッコリーのスープ

材料（2人分）

鶏もも肉…小1枚（200g）
▶小さめのひと口大に切る

ブロッコリー…大1/2個（200g）
▶小房に分け、茎は皮をむいて1cm角に切る

玉ねぎ…1/4個（50g）
▶1cm角に切る

A
- 酒…大さじ1
- 塩…小さじ2/3
- こしょう…少々

作り方

1 鍋に鶏肉と水2と1/2カップを入れて中火で煮立て、アクを取る。

2 玉ねぎ、ブロッコリーを加え、再び煮立ったらアクを取る。**A**で調味し、ふたをして弱火で5分ほど煮、ブロッコリーを完全にやわらかくする。

ブロッコリーはゆでて食べることが多いと思いますが、スープに加えてやわらかく煮ると、甘みが出てよいものです。アンチエイジング効果が高い野菜だけに、私たち世代は大いに利用したい野菜。幸いなことに指定野菜に加えられ、安定した供給が約束されました。

鶏肉とじゃがいものバタースープ

じゃがいも、玉ねぎ、鶏むね肉、コーンを順に加えて煮るだけ。味つけは、塩、こしょう、バター。とても簡単に作れて、お腹もいっぱいになるスープです。ポイントはじゃがいもがホクホク、玉ねぎがくったりするまで煮ること。最後にバターを落として風味よく仕上げます。

材料（2人分）

鶏むね肉…1/2枚（150g）
▶小さめのひと口大にそぎ切り

じゃがいも…1個（150g）
▶ひと口大に切る

玉ねぎ…1/4個（50g）
▶縦に薄切り

ホールコーン（ドライパック）…100g

A
- 塩…小さじ2/3
- こしょう…少々

バター…大さじ1＋角切り（約2g）

作り方

1 鍋にじゃがいもと水2と1/2カップを入れて煮立てる。玉ねぎ、Aを加え、ふたをして弱火で15分ほど煮る。

2 中火にして鶏肉を加え、肉に火が通ったらコーンとバター大さじ1を加え、ひと煮する。器に盛り、バターの角切りをのせる。

鶏肉とさつまいものクリームスープ

材料（2人分）

鶏むね肉…小1枚（200g）
▶2cm大に切る

さつまいも…小1本（200g）
▶皮つきのまま
1cm厚さのいちょう切り

玉ねぎ…1/2個（100g）
▶縦に薄切り

パセリ…少々
▶みじん切り

小麦粉…大さじ1と1/2
牛乳…2カップ
A［塩…小さじ1/2
　こしょう…少々
バター…大さじ1

作り方

1 フライパンにバターを弱めの中火で熱し、玉ねぎ、さつまいもを入れてさっと炒める。ふたをして弱火にし、ときどき混ぜながら5分ほど炒める。

2 鶏肉を加えて炒め、色が変わったら小麦粉をふり入れて粉っぽさがなくなるまで炒める。水1/2カップを加えて煮立て、ふたをして弱火にし、ときどき混ぜながら5分ほど煮る。

3 牛乳を加えてふたをし、同様に混ぜながら5分ほど煮る。最後にAで調味し、器に盛ってパセリをふる。

生クリームは使わず、
水と牛乳だけで作れるスープです。
ホワイトソースの甘みのある感じと
さつまいもの甘さがうまく合い、それを塩で引き締めます。
鶏むね肉がかたくならず、
さつまいもが早くやわらかくなるように、
ふたをしながら蒸し炒めにしています。

牛乳は水を加えて蒸し煮にした後で加えます。こうすると、見た目も舌ざわりもなめらかに。

小麦粉を加え、粉の白っぽさがなくなるまで炒めてなじませます。

鶏ひきだんごとレタスのスープ

材料（2人分）

鶏ひきだんご
- はんぺん…1枚（100g）
- 鶏ひき肉（もも）…100g
- 酒…大さじ1
- おろししょうが…少々

レタス…1/2個（150g）
▶ざく切り

A
- 酒…大さじ1
- 塩…小さじ1/2
- こしょう…少々

作り方

1 鶏ひきだんごを作る。ボウルにはんぺんを入れて手でつぶし、鶏ひき肉、酒、おろししょうがを加えてよく練り混ぜる。

2 鍋に水2と1/2カップを入れて煮立て、**1**を8等分に丸めて落とし入れる。再び煮立ったら**A**で調味し、ふたをして弱めの中火で2～3分煮てだんごに火を通す。最後にレタスを加え、中火にしてひと煮する。

ふんわりとした肉だんごと歯ざわりのよいレタス、
その食感と味のよさから、最近お気に入りのスープです。
はんぺんはつなぎの役割です。
やわらかく仕上がるうえ、肉と魚、
両方のうまみが相まって、おいしさがより増します。

鶏だんごが全体に白っぽくなったらレタスを加え、再びフツフツしてきたらでき上がりです。

はんぺんは先にざっと握りつぶしておくと、ひき肉を混ぜやすくなります。混ぜ具合の目安は、ひき肉とはんぺんが均一なまだら模様になるくらい。

鶏肉のかぶみぞれ汁

みぞれ汁というと大根が有名ですが、かぶで作ることもよくあります。
風流なネーミングから手の込んだ料理に思われがちですが、
実際は短時間で調理でき、手間もかからない汁です。
とろりとして喉ごしがよく、やさしい甘さが
しみじみおいしいと感じます。

材料（2人分）

鶏むね肉…小1枚（200g）
▶繊維に沿って小さめの薄いそぎ切りにし、塩ひとつまみ、酒大さじ1をまぶす

かぶ…3個（300g）
▶皮をむいてすりおろす

かぶの茎と葉…40g
▶小口切り

片栗粉…大さじ1

A
- 酒…大さじ1
- 塩…小さじ2/3
- しょうゆ…少々

水溶き片栗粉
- 片栗粉…小さじ1
- 水…小さじ2

▶混ぜ合わせる

作り方

1 鶏肉の汁けをふき取り、片栗粉をまぶす。

2 鍋に水2カップを煮立て、1をほぐし入れる。再び煮立ったらアクを取り、Aで調味する。

3 かぶを入れて2〜3分煮る。かぶの茎と葉を加え、水溶き片栗粉でとろみをつけて1分ほど煮る。

サムゲタン

「疲れがたまっている」と感じたときに、よく作ります。
本格的なサムゲタンは丸鶏を使いますが、それは大変なので、
わが家では骨つき鶏肉にもち米などを加えて煮ます。
とろみがついた汁をひとさじすすると、
お腹が温まって、元気が戻ってくる気がします。

材料（2〜3人分）

骨つき鶏もも肉（ぶつ切り）…400g
▶小骨があれば取り除く

里いも…2個（150g）
▶大きいものは半分に切る

長ねぎ…1/2本（50g）
▶ 2cm幅の斜め切り

もち米…大さじ3
▶洗って水けをきる

にんにく…1かけ
しょうが…1かけ
▶薄切り

（あれば）クコの実…大さじ1
▶少量の水でふやかす

A
- 酒…大さじ3
- 塩…小さじ2/3
- こしょう…少々

作り方

1 鍋に鶏肉と水2と1/2カップを入れて中火で煮立て、アクを取る。

2 クコの実以外の材料とAの調味料を加え、ふたをして弱火で30分ほど煮る。最後にクコの実を加え、ひと煮する。

豚肉のトマトスープ

豚肉とフレッシュトマトのスープにセロリで香りを、ひよこ豆で風味に変化をつけます。実際は4種類の食材ですが、セロリは葉も加えると、食材が1種類増えて具だくさんに感じられます。ミネストローネを簡単に作りたいとき、わが家ではこのスープが登場します。

材料（２人分）

豚ロース肉（しゃぶしゃぶ用）…100g
セロリ（葉も含む）…2/3本（100g）
▶茎は薄い小口切り、葉はざく切りにし、別々にしておく

トマト…１個（150g）
▶１㎝角に切る

ひよこ豆（ドライパック）…１缶（100g）

A
- 塩…小さじ2/3
- こしょう…少々

サラダ油…大さじ1/2

作り方

1 フライパンにサラダ油を熱し、豚肉をさっと炒め、セロリの茎を加えて炒める。

2 豚肉に火が通ったら水２と1/2カップを加え、トマト、ひよこ豆も加えて煮立てる。アクを取り、Aで調味し、ふたをして弱火で10分煮る。最後にセロリの葉を加えてひと煮する。

セロリのすがすがしい香りもまた、このスープの魅力です。

セロリは茎を先に加えて炒め、火が通りやすい葉は最後に加えます。

豚じゃがキムチスープ

材料(2〜3人分)

豚肉(こま切れ)…150g
▶酒・しょうゆ各小さじ1、おろしにんにく・おろししょうが各1/2かけ分、ごま油大さじ1をもみ込む

じゃがいも…1個(150g)
▶ひと口大に切る

玉ねぎ…1/2個(100g)
▶1.5cm幅のくし形切り

にら…1/2束(50g)
▶3cm長さに切る

白菜キムチ(カットタイプ)…100g

A ┌ コチュジャン・しょうゆ…各大さじ1/2
　 └ こしょう…少々

作り方

1 フライパンに豚肉を入れ、肉の色が変わるまで炒める。じゃがいも、玉ねぎを加えて炒め、キムチを汁ごと加えて炒め合わせる。

2 水2と1/2カップを加え、煮立ったらアクを取る。Aで調味し、ふたをして、弱火で10分ほど煮る。最後に、にらを加え、ひと煮する。

普通、肉じゃがは肉に味をつけませんが、このスープは韓国風のやり方を取り入れて、肉に下味をつけて炒めています。このほうが全体に味がなじみ、まろやかになります。ごはんを呼ぶので食べ過ぎて困るのですが、「食がすすむのは元気な証拠」と、開き直っています。

じゃがいもがほっくり煮上がったら、でき上がり。

キムチは具であり調味料。うまみのある汁も残らず加えて味つけします。

豚肉とれんこんの豆乳汁

「豆乳はからだにいい」というのでそのまま飲んでみましたが、
残念ながらわが家では長続きしませんでした。
「それだったら…」と、スープに加えたら、
これが大正解！ 豆乳の飲みにくさが解消され、汁にコクが加わります。
なかでもお気に入りなのが、この汁です。

材料（２人分）

豚肉（こま切れ）…150g
れんこん…小１節（150g）
▶3㎜厚さのいちょう切り

しめじ…１パック（100g）
▶細かくほぐす

小ねぎ…1/3束（30g）
▶３～４㎝長さに切る

豆乳（無調整）…２カップ
塩…小さじ3/4
サラダ油…小さじ１

作り方

1 鍋にサラダ油を熱し、豚肉を入れてほぐしながら炒める。色が変わったら、れんこん、しめじを加えてさっと炒める。水1/2カップを加え、ふたをして３分ほど煮る。

2 豆乳を加え、煮立ったら塩で調味する。最後に小ねぎを加えてひと煮する。

豚スペアリブとキャベツのスープ

かたまりの豚肉とキャベツの煮込みは、フランスの田舎料理です。
夫も私も好きな料理だったので、
「もっと簡単にスープ風に食べられるといいわね」と、
豚肉の部位をかえて作っているうちに、
豚スペアリブを使ったレシピに落ち着きました。

材料（2〜3人分）

豚スペアリブ
（3〜4㎝長さのもの）…400g
キャベツ…1/4個（300g）
▶ひと口大に切る

大豆（ドライパック）…1缶（100g）

A
- 酒…大さじ2
- 塩…小さじ1
- こしょう…少々

作り方

1 鍋にスペアリブと水4カップを入れて煮立て、アクを取る。キャベツ、Aを加え、ふたをして弱火で20分煮る。

2 大豆を加え、スペアリブがやわらかくなるまで10分ほど煮る。

豚肉、もやしと小松菜のタンタンスープ

タンタン麺の麺を春雨にした感じです。
でも、ひき肉ではなく、豚こまで作ります。
そのほうが脂身が少ないので、すっきりとした味になります。
夕食のごはんは控えめにしているのですが、
このスープの日ばかりは、夫婦ともに「おかわり！」です。

材料（2～3人分）

豚肉（こま切れ）…150g
▶細切り

もやし…150g
▶あればひげ根を取る

小松菜…1～2株（50g）
▶3cm長さに切る

春雨…15g
▶熱湯でもどし、食べやすく切る

味つきザーサイ（みじん切り）
…大さじ1

おろしにんにく…少々

A
- 甜麺醤《テンメンジャン》…大さじ1
- 豆板醤…小さじ1

B
- 酒…大さじ1
- 練り白ごま…大さじ1と1/2
- しょうゆ…小さじ1
- 塩…少々

サラダ油…大さじ1/2

作り方

1 フライパンにサラダ油を熱し、豚肉を入れてほぐすように炒める。**A**を加えて炒め、香りが出たら水2と1/2カップを加える。

2 煮立ててアクを取り、もやし、小松菜、春雨を加えて、野菜がやわらかくなるまで2～3分煮る。最後にザーサイ、にんにくを加え、**B**で調味する。

肉だんごと春雨のスープ

中国料理に獅子頭《シーズートウ》という大きな肉だんご入りの煮込みがあります。
このスープはそのアレンジだけに、ボリュームいっぱい！
肉だんごは焼きつけてから煮ますが、その時間は5分ほど。
煮すぎないほうが肉だんご自体に味が残り、
ひと皿のスープにもかかわらず、味わいが多彩になります。

材料（2人分）

肉だんご
- 豚ひき肉…200g
- 酒…大さじ1
- 卵…小1個
- おろししょうが…小さじ1
- 長ねぎ…1/2本（50g）
  ▶みじん切り
- 片栗粉…大さじ2
- 塩…小さじ1/3　こしょう…少々

春雨…30g
▶熱湯でもどし、食べやすく切る

チンゲンサイ…2株（200g）
▶長さを半分に切り、軸は4～6つ割り、葉先はざく切り

A
- 酒…大さじ1
- しょうゆ…大さじ1/2
- 砂糖・塩…各小さじ1/2
- こしょう…少々

サラダ油…大さじ1/2　ごま油…少々

作り方

1 肉だんごを作る。ボウルに肉だんごの材料を入れてよく練り混ぜ、4等分に丸める。

2 フライパンにサラダ油を熱し、1を片面2分ずつ焼いてきれいな焼き色をつける。

3 水2と1/2カップを加えて煮立て、アクを取って、Aで調味する。春雨とチンゲンサイを加え、ふたをして弱めの中火で5分煮て味をなじませ、ごま油で香りをつける。

牛肉と大根のスープ

材料（2〜3人分）

牛肉（薄切り）…150g
▶食べやすく切る

大根…300g
▶5㎝長さ、2㎝幅、7〜8㎜厚さの短冊切り

長ねぎ…1/2本（50g）
▶5㎝長さに切り、縦4等分に切る

A
- 酒…大さじ2
- しょうゆ…大さじ1
- 塩…小さじ1/3

作り方

1 鍋に大根、牛肉、水2と1/2カップを入れ、中火で煮立てる。アクを取って、Aで調味し、ふたをして弱火で15分ほど煮る。

2 大根がやわらかくなったら長ねぎを加え、ふたをしてさらに2〜3分煮る。

以前はかたまりの牛肉で作っていましたが、最近は薄切りで作っています。早くでき上がるだけでなく、肉のうまみも出やすいようです。大根は牛肉の厚さよりやや厚めの薄切りに。口あたりよく、食べやすくなります。

孫は牛肉から先に食べるのですが、私たちはまず大根から。牛肉のうまみを吸った大根が、しみじみおいしいのです。

牛肉を炒めず、水から煮てうまみを抽出するので、アクがたくさん出ます。ていねいにすくい取ってください。

牛肉と野菜のスープ

わが家の冬の定番です。

具は薄切り牛肉とひと口大に切ったじゃがいも、トマト、白菜、ときににんじんが入ることも。味つけは塩とこしょうだけ。

シチューとまでいかず、なんてことのないスープですが、繰り返し食べても飽きません。

材料（2～3人分）

牛肉（薄切り）…150g
▶ひと口大に切る

じゃがいも…1個（150g）
▶ひと口大に切る

白菜…2枚（200g）
▶縦半分に切り、3～4㎝長さに切る

トマト…1個（150g）
▶8等分のくし形切り

A
- 塩…小さじ1
- こしょう…少々

作り方

1 鍋に水2と1/2カップと牛肉を入れ、中火で煮立てる。アクを取り、すべての野菜を加えて、**A**で調味する。ふたをし、煮立ったら弱火で20分ほど煮る。

田舎風スープ

フランスでポピュラーな家庭の味です。
ベーコンとソーセージのように、
似通ったうまみ食材をダブルで加えると、
おいしさが倍以上に膨らみます。田舎風スープには豆が欠かせません。
やわらかく、ほっこりとなって、スープがしみ込んだ豆は格別です。

材料（２人分）

ベーコン…３枚（45g）
▶２㎝幅に切る

ウインナーソーセージ…６本（120g）
▶長さを３〜４等分に切る

玉ねぎ…1/4個（50g）
▶縦に薄切り

トマト…１個（150g）
▶１㎝角に切る

白いんげん豆（ドライパック）
…１缶（130g）

にんにく…1/2かけ
▶薄切り

A ｜塩…小さじ1/3
｜こしょう・タイム…各少々

オリーブ油…大さじ1/2

作り方

1 フライパンにオリーブ油を熱し、にんにく、玉ねぎ、ベーコン、ウインナーソーセージを炒める。

2 水２カップを加え、煮立ったらトマト、いんげん豆を加えてAで調味する。ふたをし、弱めの中火で５分ほど煮て味をなじませる。

さけとブロッコリーのミルクスープ

材料（2人分）

生ざけ…2切れ（160g）
▶ひと口大に切り、塩少々をふる

ブロッコリー…1/2個（150g）
▶小房に分け、茎は皮をむいて1cm厚さに切る

じゃがいも…大1個（180g）
▶1cm厚さの半月切り

牛乳…2カップ

A　塩…小さじ1/2
　　こしょう…少々

作り方

1　鍋にじゃがいもと水2/3カップを入れ、ふたをして中火で煮立てる。弱火にし、6～7分煮てじゃがいもに竹串が通るようになったら、ブロッコリー、水けをふき取ったさけをのせる。ふたをし、5分蒸し煮にする。

2　牛乳を加え、ふたはせずに中火で煮立てる。ときどき混ぜながら2分ほど煮て、Aで調味する。

牛乳は私たち世代に不可欠なカルシウム源です。
そこにビタミンDの豊富なさけを組み合わせて、
カルシウムの吸収をさらに促しました。
クリームシチューと違って、
バターも小麦粉も使わないので作りやすく、
サラサラとした飲み心地のスープです。

さけを加えたら、ふたをしてさっと蒸し煮にすることで、身がふっくらとかたくならずに仕上がります。

さけは塩をふって出てきた水けをふき、臭みを取ってから加えます。

かす汁

新酒の季節、酒かすをいただくと必ず作ってきた、
わが家でもお決まりの汁です。
昔は新巻ざけのアラを使っていましたが、今は塩ざけ。
まろやかになるように、甘口を選んでいます。
油揚げを加えるのも、わが家流。コクが出て、
酒かすのクセをやわらげてくれます。

材料（２人分）

塩ざけ（甘口）…２切れ（160g）
▶ひと口大に切る

大根…150g
▶５㎜厚さのいちょう切り

にんじん…1/3本（50g）
▶大根よりやや薄めの半月切り

長ねぎ…1/3本（30g）
▶５㎜厚さの小口切り

油揚げ…１枚（40g）
▶縦半分に切り、横に1.5㎝幅に切る

A［酒かす（ペースト状）…60g
　 みそ…大さじ１と1/2
▶混ぜ合わせる

作り方

1 鍋に大根、にんじん、水２と1/2カップを入れて煮立て、ふたをして５分ほど煮る。さけを加えて、出てきたアクを取り、油揚げを加えて１～２分煮る。

2 Aに１の煮汁少々を加えて溶きのばし、鍋に加えて溶かす。最後に長ねぎを加え、ひと煮する。

いわしと大根の梅汁

以前はいわしをたたいて、つみれ汁にしていました。それはそれでおいしいのですが、手間がかかるので、最近は三枚おろしの身を加えるだけ。

味の決め手は梅干しです。

その酸味がいわしのクセを抑え、食べやすくしてくれます。

材料（２人分）

いわし（三枚おろし）
…３尾分（正味150g）
▶長さを半分に切り、身側に塩少々をふって10分おく

大根…200g
▶５㎝長さに切り、縦６～７㎜厚さの細切り

長ねぎ…1/2本（50g）
▶縦半分に切り、５㎜幅の斜め切り

しょうが…１かけ
▶せん切り

梅干し…１個（15g）

A
- 酒…大さじ２
- 塩…小さじ1/3
- しょうゆ…小さじ１

作り方

1 鍋に大根、水２と1/2カップを入れ、ふたをして火にかける。煮立ってから10分ほど煮て、いわしを加える。

2 アクが出たら取り、１分ほど煮て、長ねぎ、しょうがを加え、梅干しをちぎりながら加える。Aで調味し、ひと煮する。

さば缶のトマトスープ

さば缶とトマトのうま味成分が味をまとめてくれます。作るのも本当に簡単！ 骨ごと食べられるさば缶はカルシウムも、青背魚特有の栄養素も豊富です。缶汁ごと加えるスープに仕立てて、その栄養をむだなく摂取しましょう。

材料（２人分）

さば水煮缶…１缶（190g）
玉ねぎ…1/2個（100g）
▶縦に薄切り

トマト…大１個（200g）
▶１㎝角に切る

おろしにんにく…少々
パセリ（みじん切り）…大さじ１
▶飾り用に少々を別にする

A ┌ 塩…小さじ2/3
　 └ こしょう…少々

オリーブ油…大さじ１＋少々

作り方

1 鍋に水２カップを煮立て、玉ねぎ、トマト、にんにくを加える。ふたをして弱火で５分煮る。

2 さば水煮をひと口大に分けながら缶汁ごと加え、Aで調味してひと煮する。最後にオリーブ油大さじ１、飾り用以外のパセリを加えて香りをつける。器に盛り、飾り用パセリとオリーブ油少々をかける。

さば缶のカレースープ

さば缶は汁ごと入れて、具に、スープの素に、役立てます。
隠し味にはちみつを加えるのがポイント。
スパイシーながらも、まろみのある味にまとまります。
オクラは加えてほしい食材です。
軽くとろみがついて、いい感じになります。

材料（2～3人分）

さば水煮缶…1缶（190g）

玉ねぎ…1/2個（100g）
▶2㎝角に切る

赤パプリカ… 1/2個（100g）
▶2㎝四方に切る

オクラ…6～8本（70g）
▶2㎝長さに切る

にんにく…1かけ
▶薄切り

しょうが…1かけ
▶薄切り

カレー粉…大さじ1

A
- 塩…小さじ1
- こしょう…少々
- はちみつ…大さじ1

サラダ油…大さじ1/2

作り方

1 フライパンにサラダ油を熱し、にんにく、しょうが、玉ねぎ、パプリカを入れて炒め、カレー粉を加えて香りが出るまで炒める。

2 水2と1/2カップを加えて、煮立ったらアクを取り、ふたをして5分ほど煮る。オクラを加え、さば水煮をひと口大に分けながら、缶汁ごと加えてひと煮し、**A**で調味する。

えびのエスニックスープ

材料（２人分）

むきえび…150g
▶背側に切り込みを入れ、背わたを取る

きくらげ（乾燥）…12g
▶袋の表示どおりにもどし、もみ洗いをして食べやすく切る

赤ピーマン…１個（40g）
▶縦に薄切り

春雨…15g
▶熱湯でもどし、食べやすく切る

パクチー…１～２株（15g）
▶３㎝長さに切る

にんにく…１かけ
▶薄切り

赤唐辛子…１本
▶種を取る

ナンプラー…大さじ１
レモン汁…1/2個分（大さじ１）
サラダ油…大さじ1/2

作り方

1 フライパンにサラダ油を熱し、にんにく、赤唐辛子を炒める。香りが出たら、えび、きくらげ、赤ピーマンを順に加えてさっと炒める。

2 水２と1/2カップを加えて煮立て、春雨も加える。ナンプラーで調味し、レモンを絞り入れて味を調え、最後にパクチーを加える。

エスニックスープはそれほど多く作りませんが、
ときどき無性に食べたくなることがあります。
そんなときはいつも、えび入りで具だくさんのこのレシピ。
スープにメリハリが出るからと、
きくらげを加えるのがわが家の好みです。

最後にレモンを絞り入れて、香りと味のバランスを調えます。

たらとミニトマトのにんにくスープ

アクアパッツァの簡単版といった感じです。
唐辛子でアクセントをつけます。
スープがとてもおいしくて、
思わずごはんにかけました。
それ以来、この食べ方がひそかなお気に入り。
たら以外では、たい、すずき、さわらなど、
白身魚なら何でもおすすめです。

材料（2人分）

生だら…2切れ（180g）
▶塩少々をふり、10分ほどおく

長ねぎ（白い部分）…1/2本（50g）
▶小口切り

マッシュルーム…100g
▶半分に切る

ミニトマト…8個（100g）
にんにく…1かけ
▶つぶす

赤唐辛子…1本
▶種を取る

白ワイン…大さじ2
イタリアンパセリ（みじん切り）
…大さじ1
A［塩…小さじ1/2
粗びき黒こしょう…少々
オリーブ油…大さじ1＋小さじ2

作り方

1 フライパンにオリーブ油大さじ1を弱めの中火で熱し、にんにく、赤唐辛子を炒める、香りが出たら、長ねぎ、マッシュルームを入れてさっと炒める。あいている場所に、たらを皮が下になるように入れ、焼き色がついたら返してさっと焼く。

2 白ワインを加えてアルコールをとばし、水2カップを加える。煮立ったらミニトマトを加えて2分ほど煮、魚のうまみをスープに移す。

3 トマトの皮がはじけたら、Aで調味する。器に盛り、イタリアンパセリ、オリーブ油小さじ2をふり入れる。

あさりとキャベツのチーズスープ

材料（２人分）

あさり…250g

▶塩分３％ほどの塩水につけ、
暗所に１時間ほどおいて砂抜きをし、
殻をこすり合わせて洗う

キャベツ…1/6個（200g）

▶３㎝四方のざく切り

A ┌ 塩…小さじ1/3
　 └ こしょう…少々

パルメザンチーズ…大さじ２

オリーブ油…大さじ１

作り方

1 鍋に水２と1/2カップを煮立ててキャベツを入れ、ふたをして弱火で５分ほど煮る。あさりを加え、ふたをしてさらに３分ほど蒸し煮にする。

2 あさりの殻が開いたらAで調味し、オリーブ油を回しかけて香りをつける。器に盛り、パルメザンチーズをふる。

決め手はあさりです。
形が平たく、模様がはっきりしているものがおいしさの目安。
下処理も大切です。「砂抜きずみ」と書いてあっても砂抜きをし、殻をこすり合わせながら洗って、ぬめりを落としましょう。
雑味が取れてクリアーな味になります。

豆腐とモロヘイヤの冷たいスープ

材料（2人分）

モロヘイヤ…1袋（70g）
▶太い茎を取り除き、ゆでてざるにとる。粗熱がとれたら、水けを絞って細かく切る

木綿豆腐…1/2丁（150g）
▶1.5cm角に切り、冷蔵室で冷やす

トマト…大1/3個（60g）
▶1cm角に切り、冷蔵室で冷やす

A
- 酒…小さじ1
- しょうゆ…小さじ1/2
- 塩…小さじ1/4

作り方

1 ボウルにモロヘイヤを入れ、水1カップを加えてのばす。Aを混ぜ合わせ、冷蔵室で冷やす。

2 1に豆腐とトマトを加えて混ぜる。

モロヘイヤには強い抗酸化作用があり、
そのネバネバが疲労回復や滋養強壮を促します。
まさにモロヘイヤは栄養の宝庫。
それを知ってから、豆腐とモロヘイヤの組み合わせが、
わが家の夏の味として定着しました。

水でのばしてから、酒、しょうゆ、塩で調味します。

モロヘイヤはゆでて細かく刻み、さらに包丁でたたいて粘りを出します。

スンドゥブチゲ

1人分に豆腐半丁と卵1個、豚肉も加わって、
たんぱく質がいっぱいです。
そこにビタミンB_2が豊富なキムチを加えるので、
代謝はおのずと活性化します。
「スタミナをつけたいときはこれに限る」と、
寒い日に作るパワフルスープです。

材料（2人分）

絹ごし豆腐（または寄せ豆腐）
…1丁（300g）
▶ペーパータオルに包んで
水きりをする

豚肉（こま切れ）…80g
▶酒・しょうゆ・白すりごま各小さじ1、
おろしにんにく少々、
粉唐辛子小さじ1/4
（または一味唐辛子少々）、
ごま油大さじ1/2をまぶす

長ねぎ…1/4本（25g）
▶小口切り

あさり水煮缶…1缶（180g）
白菜キムチ（カットタイプ）…100g
赤唐辛子…1/2本
▶種を取る

卵…2個

A ナンプラー・しょうゆ
…各大さじ1/2

作り方

1 鍋に豚肉を入れて火にかけ、1～2分炒める。水1と1/2カップを加えて煮立て、あさり水煮を缶汁ごと加え、豆腐はスプーンですくって加える。長ねぎ、赤唐辛子、白菜キムチも加え、**A**で調味する。

2 豆腐が熱くなったら卵を割り入れ、好みのかたさに火を通す。

豆腐とアスパラガスのほたて缶スープ

食べ過ぎた日の翌日は、
軽いスープで簡単に夕食をすませることがあります。
そんなときに便利なのがほたて缶です。
おいしいスープのベースになります。よく加える具は、豆腐とアスパラ。
見た目にもからだがすっきりするような気がします。

材料（2人分）

木綿豆腐…1/2丁（150g）
▶1.5㎝角に切る

アスパラガス…6本（150g）
▶根元1㎝を切り落とし、
下5㎝の皮をむき、2㎝長さに切る

ほたて水煮缶… 1缶（70g）

A
- 酒…大さじ1
- 塩…小さじ1/2
- こしょう…少々

ごま油…小さじ1

作り方

1 鍋に水2と1/2カップを煮立て、ほたて水煮を缶汁ごと加え、アスパラガスも加えて2分ほど煮る。

2 豆腐を加え、Aで調味して、最後にごま油で香りをつける。

炒り豆腐としいたけのスープ

材料（２人分）

木綿豆腐…1/2丁（150g）
▶厚みを半分にし、ペーパータオルに包んで水きりをする

しいたけ…４枚（60g）
▶薄切り

長ねぎ…1/2本（50g）
▶５㎜厚さの小口切り

鶏ひき肉（もも）…150g

A
- 酒・しょうゆ…各大さじ１
- 塩…小さじ1/2
- こしょう…少々

ごま油…大さじ1/2

作り方

1 フライパンにごま油を熱し、鶏ひき肉を色が変わるまで炒める。豆腐を加えて炒め、豆腐が大きくほぐれたら、しいたけ、長ねぎを加えて炒める。

2 水２と1/2カップを加えて煮立て、アクを取る。最後にAで調味し、ひと煮する。

けんちん汁は精進料理ですが、
そこにあえて鶏ひき肉を加えました。
良質のチキンスープとしいたけベースのうまみが混ざり、
おいしさの相乗効果が生まれます。
豆腐はその味も楽しめるように、
あまり細かくくずさないようにするのが、わが家流です。

野菜を加えて炒めている間に、豆腐もほどよい大きさになります。

豆腐は厚みを半分にして加え、へらなどでざっくりくずします。

茶碗蒸しスープ

材料（２人分）

卵液

- 卵…２個
- 水…２カップ
- 酒…大さじ１
- 塩…小さじ2/3

鶏もも肉…1/2枚（150g）
▶１cm角に切る

しめじ…１パック（100g）
▶細かくほぐし、１cm長さに切る

長ねぎ…1/2本（50g）
▶小口切り

A
- 酒…大さじ１
- しょうゆ…大さじ1/2
- こしょう…少々

サラダ油…大さじ1/2

作り方

1 フライパンにサラダ油を熱し、鶏肉を八分どおり炒める。しめじ、長ねぎを加えてさらに炒め、全体に火が通ったら**A**で調味する。耐熱容器（直径20cm×高さ５cm程度）に入れる。

2 卵液を作る。ボウルに卵を溶きほぐし、水、酒、塩を加えて混ぜ合わせる。**1**に静かに注ぎ入れ、アルミ箔でぴったりと覆う。

3 フライパンに水を１cm深さに入れる。４つ折りにしたペーパータオルを底に敷き、**2**を置いて、ふたをする。中火にかけ、煮立ってから２分後に弱火にし、15〜20分蒸す。中央に竹串を刺して澄んだ汁が出たら火を止め、５分ほど蒸らす。

「茶碗蒸しよりもやわらかく、
かろうじて固まっている程度のゆるさに仕上げます。
思ったよりも簡単に作れてごちそう感があると、
お料理教室の生徒さんにも評判です。
蒸し器がなくても大丈夫。フライパンで手軽に作れます。

中央が膨らんできたら蒸し上がり。念のため竹串を刺し、濁った汁が出てこないかどうかを見ます。

フライパンに水を少し入れて直接蒸します。加熱中にガタガタしないようにフライパンの底にペーパータオルを敷き、蒸気が茶碗蒸しスープに入らないようにアルミ箔でふたをします。

トマトのポーチドエッグスープ

フレッシュトマトのスープに、
黄身がとろっと流れ出る卵の組み合わせです。
卵を加えるだけで栄養価が高まり、
濃厚さも相まって、味がバランスよくなります。
ポーチドエッグを作るのが面倒なら、
市販の温泉卵を加えたり、落とし卵にしても。

材料（2人分）

ポーチドエッグ…2個

トマト…大2個（400g）
▶1㎝角に切る

玉ねぎ…1/2個（100g）
▶縦に薄切り

ベーコン（厚切り）… 50g
▶1㎝角に切る

にんにく…1かけ
▶つぶす

A ┌塩…小さじ1/2
　 └こしょう…少々

パルメザンチーズ…大さじ1～2

オリーブ油…大さじ1

作り方

1 鍋にオリーブ油とにんにくを入れて香りが出るまで熱し、玉ねぎ、ベーコンを加えて2分ほど炒める。

2 トマト、水1カップを加え、煮立ててアクを取る。弱めの中火にし、ときどき混ぜながらトマトの形がなくなるまで10分ほど煮て、Aで調味する。

3 器に2を注ぎ、ポーチドエッグ（下記参照）をのせて、パルメザンチーズをふる。

ポーチドエッグの作り方

深めの鍋に4カップほどの湯を沸かし、塩小さじ1、酢大さじ2（各分量外）を入れて煮立てる。弱火にし、菜箸で湯をかき回して渦を作り、卵を割り入れる。白身が散らないように菜箸でそっと寄せながら、白身が固まるまで1～2分火を通す。網じゃくしなどですくい、水けをきる。

かにかまの卵とじスープ

かにかまも卵もリーズナブル。
安くておいしいは、世代を超えた願いです。
かき玉汁はとろみがあるので飲みやすく、
たんぱく質も豊富。卵がふわっと全体に
散るように、ボウルに卵を割り入れたら、
菜箸をボウルの底から離さないように混ぜて、
黄身と白身を均一な状態にします。

材料（２人分）

溶き卵…２個分

かに風味かまぼこ…80g

▶長さを３等分に切る

えのきだけ…1/2パック（50g）

▶長さを３等分に切る

長ねぎ…1/2本（50g）

▶斜め薄切り

A
- 酒…大さじ１
- 塩…小さじ1/2

水溶き片栗粉
- 片栗粉…大さじ1/2
- 水…大さじ１

▶混ぜ合わせる

作り方

1 鍋に水２と1/2カップを入れて煮立て、えのきだけ、長ねぎ、かに風味かまぼこを順に加える。再び煮立ったらAで調味し、ひと煮する。

2 水溶き片栗粉を加えてとろみをつけ、溶き卵を回し入れて、下から大きくひと混ぜする。

おかゆはお米のスープです。

私たちはカゼをひくとおかゆを食べますが、
欧米ではスープを食べると聞いたことがあります。
どちらも消化吸収がよく、
弱ったからだを早く回復させるための食事です。
スープはもともとパン切れに
ブイヨンやワインなどをかけたものだったそうです。
パンをお米に置き換えたら、それはおかゆ。
おかゆはさしずめスープといったところでしょうか。

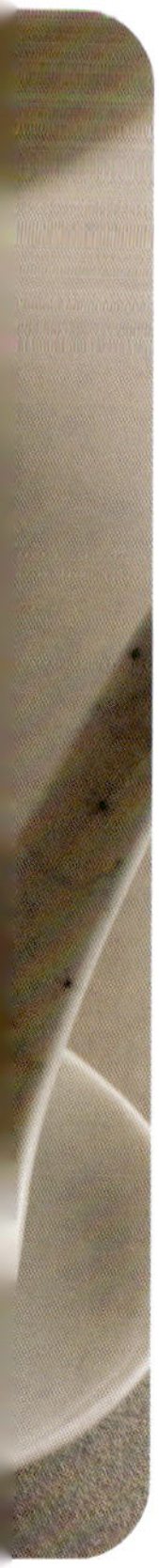

白がゆの半熟卵のせ

材料（2人分）

白がゆ
- 米…1/2合
  ▶といでざるにあげる
- 水…約3と2/3カップ
- 塩…小さじ1/4

半熟卵
- 卵…1個

しょうゆ…少々

作り方

1. 白がゆを作る。炊飯器に米を入れ、水を加えて30分浸水させる。おかゆモードで炊く。炊き上がったら塩を加えて混ぜる。
2. 半熟卵を作る。鍋にたっぷりの湯を沸かし、卵をそっと入れ、スプーンで静かに1分ほど混ぜる。計6分ゆでたら水にとり、ひびを入れて殻をむき、半分に切る。
3. 器に**1**を盛り、**2**をのせて、しょうゆをたらす。

青菜がゆ

水分量の多いおかゆに小松菜を加えました。
さらさらとしたおかゆを
青々とした小松菜といただくと、
身が清められる思いがします。
おかゆは冷めると粘りが出てくるので
「人待たしてもかゆ待たすな」と言われます。
ぜひ、でき上がりを召し上がってください。

さらっとしたおかゆに
トロトロのゆで卵をのせ、
しょうゆをちらっとたらすのが、
わが家のおかゆの定番です。
お料理とも言えませんが、
たまにいただくと
これが本当においしいのです。

※土鍋で作る場合

土鍋に米と分量の水（白がゆの場合は、水の量を100mℓほど足す）を入れ、ふたをずらしてのせ、強めの中火にかける。煮立ってきたらふたを取り、土鍋の底についた米をはがすようにゆっくり混ぜる。再びふたをずらしてのせ、ときどき混ぜながら弱火で25〜30分ほど炊く。白がゆの場合は塩を加えて混ぜる。青菜がゆの場合は、小松菜、塩を加えて混ぜ、ひと煮する。

材料（2人分）

米…1/2合
▶といでざるにあげる

水…4と1/2カップ

小松菜…1〜2株（50g）
▶細かく刻む

塩…小さじ1/3

作り方

1 炊飯器に米を入れ、水を加えて30分浸水させる。おかゆモードで炊く。

2 炊き上がったら塩と小松菜を加えて混ぜる。

中華がゆ

材料（2人分）

米…1/2合
▶といでざるにあげる

干し貝柱…3個（15g）
▶さっと洗って、水1カップに浸し、冷蔵室にひと晩おいてもどす。貝柱ともどし汁に分け、貝柱はほぐす

塩…小さじ1/3

A
- 味つきザーサイ…適量
  ▶細切り
- しょうが…適量
  ▶せん切り
- 小ねぎ…適量
  ▶小口切り

作り方

1 干し貝柱のもどし汁に水を加えて5カップ（1000mℓ）にする。

2 炊飯器に米を入れ、1、貝柱、塩を加えて30分浸水させる。おかゆモードで炊く。

3 器に2を盛り、Aを添える。

※土鍋で作る場合P59の白がゆと同様に炊く。ただし、水は足さなくてよい。

干し貝柱をもどし、
そのもどし汁で炊いたおかゆです。
干し貝柱の香りとうまみが
食欲をそそります。
水分量は米の10倍以上なので、
スープの中に米粒が
浮かんでいるような感じです。
ザーサイ、しょうが、小ねぎなどを
のせながらいただきます。

第2章

作りおきが便利な即席スープ

すぐに作れるみそ汁やスープがあるだけで、
間に合わせの食事にも
華やぎと満足感が生まれます。

〈みそ汁の素〉

急にみそ汁が飲みたくなったときや、ひとりでさっとすませたい食事のときなどに、作っておくと便利な「みそ汁の素」です。

おなじみの「みそ玉」とほぼ同じですが、もっと簡単に作れて、使いやすいようにアレンジしました。

みそにだし粉を混ぜ、容器に入れて保存します。使うときは、1人分大さじ1くらいをすくい、具とともにお椀に入れて、熱湯を注ぐだけ。だしとみその香りが立ちのぼる、できたてのみそ汁をいただけます。

みそ玉にしてラップで包み、お弁当に添えるのはもちろん、わが家ではみそ炒めに加えたりもします。

材料（でき上がり量160g／みそ汁 9 〜10杯分）

だし粉

- 煮干し…5g
  ▶内臓と頭を取る
- 削り節…５ｇ
- 昆布…５ｇ
  ▶１㎝角ほどに切る

みそ…150g

作り方

1 だし粉を作る。フライパンにだし粉の材料を入れ、弱火でじっくり香りが出るまで炒る。

2 ミルまたはフードプロセッサーに移し、粉砕する。

3 みそに２のだし粉を混ぜ合わせる。

4 ふたつきの容器に移し、表面に張りつくようにラップをする。使うときに、分量のみそ汁の素をすくって椀に入れる。

■だし粉について

煮干し、削り節、昆布を適当な大きさにし、ミルまたはフードプロセッサーで粉砕します。

■具について

加熱しないで食べられる野菜や乾燥品がおすすめです。すぐに作れるように、定番の組み合わせをいくつか用意しておきましょう。豆腐は、量によってみそ汁が冷たくなりがちなので、使うときは控えめに。

■保存期間について

冷蔵保存で2週間ほどを目安に。冷凍保存で1か月ほど。みそは冷凍しても凍らないので、冷凍室から出してすぐに使えます。

■使う分量について

1人分として、熱湯1カップにつき、みそ汁の素大さじ½〜1が目安です。使用するみその塩分濃度によって量を加減してください。

油揚げとねぎのみそ汁

材料（1人分）

油揚げ…1/8枚（5g）
▶長さを半分に切り、細切り

長ねぎ…5㎝（5g）
▶小口切り

みそ汁の素…大さじ1/2〜1
熱湯…1カップ

作り方

椀に、油揚げ、長ねぎ、みそ汁の素を入れ、熱湯を注いで混ぜる。

定番の組み合わせです。油揚げの油が気になる場合は、ペーパータオルではさんで油抜きをするとよいでしょう。

オクラとわかめのみそ汁

オクラのとろみと歯ざわりを味わってください。

材料（1人分）

オクラ…1本(10g)
▶小口切り

乾燥カットわかめ…大さじ1/2(約1g)
▶熱湯でもどし、水けを絞る

みそ汁の素…大さじ1/2～1
熱湯…1カップ

作り方

椀に、オクラ、わかめ、みそ汁の素を入れ、熱湯を注いで混ぜる。

春菊とゆばのみそ汁

春菊の香りのよさは通常のみそ汁以上です。茎も加えて、食感も楽しみましょう。

材料（1人分）

春菊…20g
▶葉は3㎝長さに切り、茎は小口切りにする

乾燥ゆば…1枚(3g)
▶食べやすく割る

みそ汁の素…大さじ1/2～1
熱湯…1カップ

作り方

椀に、春菊、乾燥ゆば、みそ汁の素を入れ、熱湯を注いで混ぜる。

貝割れ菜と焼きのりのみそ汁

焼きのりが溶けてとろりとしてきます。貝割れ菜の軽やかな辛みがアクセントです。

材料（1人分）

貝割れ菜…15g

▶長さを3～4等分に切る

焼きのり（全型）…1/4枚

▶細かくちぎる

みそ汁の素…大さじ1/2～1

熱湯…1カップ

作り方

椀に、貝割れ菜、焼きのり、みそ汁の素を入れ、熱湯を注いで混ぜる。

にらと麩のみそ汁

にらはシャキシャキ、お麩はふわふわ。これが意外によく、新鮮な感じです。

材料（1人分）

にら…1本（10g）

▶3～4㎝長さに切る

麩（おつゆ麩1㎝長さのもの）…3個（1g）

みそ汁の素…大さじ1/2～1

熱湯…1カップ

作り方

椀に、にら、麩、みそ汁の素を入れ、熱湯を注いで混ぜる。

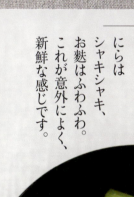

桜えびとみつばのみそ汁

桜えびの香ばしさとみつばの香気。香りのよさを楽しむみそ汁です。

材料（1人分）

桜えび…大さじ1
みつば…3本（5g）
▶2～3㎝長さに切る

みそ汁の素…大さじ1/2～1
熱湯…1カップ

作り方

椀に、桜えび、糸みつば、みそ汁の素を入れ、熱湯を注いで混ぜる。

長いもと小ねぎのみそ汁

長いもはせん切りにして歯ざわりをよくします。彩りに小ねぎを散らして。

材料（1人分）

長いも…3㎝（30g）
▶せん切り

小ねぎ…10g
▶小口切り

みそ汁の素…大さじ1/2～1
熱湯…1カップ

作り方

椀に、長いも、小ねぎ、みそ汁の素を入れ、熱湯を注いで混ぜる。

コーンとズッキーニの豆乳みそ汁

豆乳で作る
みそ汁です。
まろやかさと
栄養価の高さ
が気に入り、
食卓にのぼる
回数が増えています。

材料（1人分）

ホールコーン（ドライパック）…大さじ1（20g）
ズッキーニ…10g
▶薄いいちょう切り

みそ汁の素…大さじ1/2～1
豆乳（無調整）…1カップ
▶フツフツと泡が出るまで温める

作り方

椀に、コーン、ズッキーニ、みそ汁の素を入れ、温めた豆乳を注いで混ぜる。

きゅうりとしらす干しの冷製みそ汁

みそ汁の素が
あれば、冷たい
みそ汁も
すぐに作れます。
真夏日の塩分、
ミネラル補給に。

材料（1人分）

きゅうり…20g
▶小口切り

しらす干し…大さじ1
みそ汁の素…大さじ1/2～1
冷水…1カップ

作り方

椀に、きゅうり、しらす干し、みそ汁の素を入れ、冷水を注いで混ぜる。

〈ポタージュの素〉

クリーミーなポタージュは孫たちから私たち世代まで、幅広く人気のあるスープです。

野菜のビタミン類と各種ミネラル、牛乳のたんぱく質とカルシウムが同時に摂れるうえ、消化吸収にも優れているので、もっといただく回数を増やしたいのですが、作る手間を考えるとそうもいきません。

そこでわが家では、野菜をやわらかく煮てピュレ状にするところまでを倍量作り、冷凍しておくことにしました。

このポタージュの素が冷凍室にあれば、いただきたいときに解凍し、鍋に牛乳と一緒に入れて温めればよいので、たいへん便利です。

■保存期間について

冷凍保存で1か月ほど。

■ミキサーとハンドブレンダーについて

やわらかく煮た野菜をピュレ状にするときは、ミキサーかハンドブレンダーを使います。ハンドブレンダーは直接鍋に入れて撹拌するので問題ありませんが、ミキサーの場合は、野菜が熱いとあふれ返ることがあるので、粗熱がとれてから行います。

■分量について

ポタージュの素は、½量ずつを冷凍保存するように4人分を目安にしています。でき上がりのポタージュは2人分です。

基本の作り方

1 野菜を炒め、水を加えて煮る。

2 野菜がやわらかくなったら、ミキサーかハンドブレンダーでなめらかになるまで撹拌する。

3 冷凍用保存袋に入れて冷凍保存する。

材料はじゃがいもと長ねぎ、牛乳だけ。
じゃがいも本来のおいしさが
ストレートに味わえます。
冷たい牛乳でのばして、
ビシソワーズにするのもおすすめです。

じゃがいもと長ねぎのポタージュ

ポタージュの素　材料（4人分）

じゃがいも…2個（300g）
▶ 5㎜厚さのいちょう切り

長ねぎ（白い部分）…1/2本（50g）
▶小口切り

A ［塩…小さじ2/3
　 こしょう…少々

サラダ油…大さじ1

作り方

1 鍋にサラダ油を熱し、じゃがいも、長ねぎを入れて、色づかないように炒める。

2 全体に油がまわったら水2カップを加えて煮立て、アクを取る。Aで調味し、ふたをして、じゃがいもが煮くずれるくらいまで弱火で15分ほど煮る。

3 粗熱がとれたらミキサーかハンドブレンダーにかけてなめらかにする。1/2量ずつ冷凍用保存袋に入れて冷凍する。

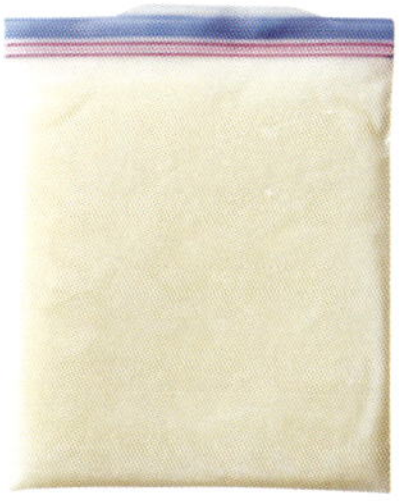

飲むときは

ポタージュの素1袋（2人分）を電子レンジにかけるか水につけて解凍し、鍋に入れる。ひと煮立ちさせて牛乳1/2カップを加え、煮立つ直前まで温める（味をみて足りなければ、塩、こしょうで調える）。

ブロッコリーと小松菜のポタージュ

栄養価の高さから最強野菜と呼ばれる
ブロッコリーと、野菜のなかでは珍しく
カルシウムが豊富な小松菜の組み合わせ。
鮮やかなグリーンの色が
健康を約束してくれそうです。

ポタージュの素　材料（4人分）

ブロッコリー…1個（300g）
▶小房に分け、茎は皮をむいて薄切り

小松菜…1/2束（100g）
▶ 2 ～ 3 ㎝長さに切る

A　塩…小さじ2/3
　　こしょう…少々

サラダ油…大さじ1

作り方

1 鍋にサラダ油を熱し、ブロッコリーを入れる。ふたをして弱火にし、ときどき混ぜながら3分ほど蒸し炒めにする。

2 水1と1/2カップを加えて煮立て、アクを取る。Aで調味し、ふたをして、ブロッコリーがやわらかくなるまで弱火で4～5分煮る。小松菜を加え、再びふたをして5～6分煮る。

3 粗熱がとれたらミキサーかハンドブレンダーにかけてなめらかにする。1/2量ずつを冷凍用保存袋に入れて冷凍する。

飲むときは

ポタージュの素1袋（2人分）を電子レンジにかけるか水につけて解凍し、鍋に入れる。ひと煮立ちさせて牛乳1/2カップを加え、煮立つ直前まで温める（味をみて足りなければ、塩、こしょうで調える）。

コーンと玉ねぎのポタージュ

王道のスープです。調理の手軽さも一番！
コーンは出盛りならば生のもので、
そうでないときは、
水煮よりも香りと甘みが強いので、
ドライパックを使っています。

ポタージュの素　材料（4人分）

ホールコーン（ドライパック）…400g
玉ねぎ…1/4個（50g）
▶縦に薄切り

A ┌ 塩…小さじ2/3
　└ こしょう…少々

サラダ油…大さじ1

作り方

1 鍋にサラダ油を熱し、コーン、玉ねぎを炒める。

2 全体に油がまわったら水1と1/2カップを加えて煮立て、アクを取る。Aで調味し、ふたをして弱火で5分煮る。

3 粗熱がとれたらミキサーかハンドブレンダーにかけてなめらかにする。1/2量ずつを冷凍用保存袋に入れて冷凍する。

飲むときは

ポタージュの素1袋（2人分）を電子レンジにかけるか水につけて解凍し、鍋に入れる。ひと煮立ちさせて牛乳1/2〜1カップを加え、煮立つ直前まで温める（味をみて足りなければ、塩、こしょうで調える）。

にんじんのポタージュ

クレシーのポタージュという名の古典的なフランス料理です。クレシーはフランス北部のにんじんの産地。伝統的にお米でとろみづけし、粘りを出さないように仕上げます。

ポタージュの素　材料（４人分）

にんじん…小３本(400g)
▶薄いいちょう切り

玉ねぎ…1/3個(70g)
▶縦に薄切り

ごはん…50g

A ┌ 塩…小さじ2/3
　 └ こしょう…少々

サラダ油…大さじ１

作り方

1 鍋にサラダ油を熱し、にんじん、玉ねぎを入れる。ふたをして弱火にし、ときどき混ぜながら５分ほど蒸し炒めにする。

2 水２と1/2カップとごはんを加えて煮立て、アクを取る。Aで調味し、ふたをして弱火で30分煮る。

3 粗熱がとれたらミキサーかハンドブレンダーにかけてなめらかにする。1/2量ずつを冷凍用保存袋に入れて冷凍する。

飲むときは

ポタージュの素１袋(２人分)を電子レンジにかけるか水につけて解凍し、鍋に入れる。ひと煮立ちさせて牛乳1/2カップを加え、煮立つ直前まで温める(味をみて足りなければ、塩、こしょうで調える)。

ごぼうと玉ねぎのポタージュ

飲むというよりは、食べるといった言葉が似つかわしいスープです。
ひとさじずつ味わうごとに、ごぼうの土っぽく素朴な風味がからだに元気をもたらしてくれるような気がします。

ポタージュの素　材料（4人分）

ごぼう…2本（300g）
▶小口切りにし、
水に5分さらし、水けをきる

玉ねぎ…1/3個（70g）
▶縦に薄切り

A［塩…小さじ2/3
　こしょう…少々

サラダ油…大さじ1

作り方

1 鍋にサラダ油を熱し、ごぼう、玉ねぎを入れる。ふたをして弱火にし、ときどき混ぜながら5分ほど蒸し炒めにする。

2 水2と1/2カップを加えて煮立て、アクを取る。**A**で調味し、ふたをして弱火で30分煮る。

3 粗熱がとれたらミキサーかハンドブレンダーにかけてなめらかにする。1/2量ずつを冷凍用保存袋に入れて冷凍する。

飲むときは

ポタージュの素1袋（2人分）を電子レンジにかけるか水につけて解凍し、鍋に入れる。ひと煮立ちさせて牛乳1/2カップを加え、煮立つ直前まで温める（味をみて足りなければ、塩、こしょうで調える）。

かぼちゃのポタージュ

かぼちゃは夏場に収穫されますが、
貯蔵がきく野菜で、甘みが増すのは秋。
そんなかぼちゃで作るポタージュは、
ほかの野菜は何も加えず、
水で煮て牛乳でのばすだけで充分です。

ポタージュの素　材料（4人分）

かぼちゃ…1/4個（450g）
▶皮をむき、薄切り

A ┌塩…小さじ2/3
　 └こしょう…少々

サラダ油…大さじ1

作り方

1 鍋にサラダ油を熱し、かぼちゃを油がまわるまで炒める。

2 水2カップを加え、ふたをして煮立て、アクを取る。Aで調味し、ふたをして煮くずれるくらいまで弱火で10分ほど煮る。

3 粗熱がとれたらミキサーかハンドブレンダーにかけてなめらかにする。1/2量ずつを冷凍用保存袋に入れて冷凍する。

飲むときは

ポタージュの素1袋（2人分）を電子レンジにかけるか水につけて解凍し、鍋に入れる。ひと煮立ちさせて牛乳1/2カップを加え、煮立つ直前まで温める（味をみて足りなければ、塩、こしょうで調える）。

第3章

一生作り続けたい わが家の定番スープ

“おいしかった料理”の話で盛り上がるとき、
わが家では必ず話題に
のぼるスープがいくつかあります。

ミネストローネ

もともとはイタリアの農民が作っていた野菜のごった煮だったそうです。だからいろいろな野菜、豆、パスタがたっぷり加えられます。夫も私もお気に入りのスープで、昔からよく作ってきました。こだわりはパスタ。ショートパスタよりもスパゲッティを細かく折って加えるほうが、スープになじむと思います。

材料（2～3人分）

ベーコン…2枚（30g）
▶ 1㎝四方に切る

玉ねぎ…1/2個（100g）
▶ 1㎝角に切る

にんじん…1/2本（75g）
▶ 5㎜厚さのいちょう切り

さやいんげん…6～7本（50g）
▶ 1㎝長さに切る

トマト…2個（300g）
▶ 1㎝角に切る

スパゲッティ（1.6㎜太さ）…30g
▶ 1～2㎝長さに折る

A ┌ 塩…小さじ1/2
　 └ こしょう…少々

（好みで）パルメザンチーズ…適量
オリーブ油…大さじ1

作り方

1 鍋にオリーブ油を熱し、ベーコン、玉ねぎ、にんじんを入れ、野菜がしんなりするまで2～3分炒める。

2 水1と1/2カップを加え、煮立ったらトマトを加え、再び煮立ったらアクを取る。スパゲッティを加え、ふたをして弱火で3分ほど煮る。

3 いんげんを加え、Aで調味して4～5分煮る。器に盛り、好みでパルメザンチーズをふる。

細めのスパゲッティを短くして加えると、やわらかく膨らみ、長さも倍くらいになって、口あたりがよくなります。

クラムチャウダー

材料（２人分）

あさり…200g
▶塩分３％ほどの塩水につけ、暗所に１時間ほどおいて砂抜きをし、殻をこすり合わせて洗う

ベーコン…２枚（30g）
▶１cm四方に切る

玉ねぎ…1/3個（70g）
▶１cm角に切る

じゃがいも…１個（150g）
▶１cm角に切る

小麦粉…大さじ１と1/2
牛乳…１カップ
A［塩…小さじ1/3
　 こしょう…少々
サラダ油…大さじ１

作り方

1. 鍋にサラダ油を熱し、ベーコン、玉ねぎ、じゃがいもをさっと炒める。全体に油がまわったら小麦粉をふり入れ、粉っぽさがなくなるまで炒める。
2. 水１カップを加えて煮立て、ふたをして弱火にする。ときどき混ぜながら、じゃがいもがやわらかくなるまで５分ほど煮る。
3. 牛乳を加え、中火にして煮立ったところで、あさりを加える。殻が開いたらAで調味する。

イタリア系移民の多かったマンハッタンはトマト味、イギリス系移民の都市ボストンはクリーム味というのが、アメリカの歴史を反映していておもしろいです。あさりといえばみそ汁だけの時代に育ったので、このスープを知ったときは、その組み合わせの妙に驚きました。

牛乳を加えたら、煮すぎないように。あさりがふっくらしているうちに、いただいてください。

小麦粉を加えて粉が見えなくなるまでなじませます。ただし、焦がさないように気をつけてください。

オニオングラタンスープ

炒め玉ねぎが命です。茶褐色になるまで炒めるには時間がかかるので、多めに作って冷凍するといいですね。カレーにも使えます。現在とほぼ同じ作り方のスープがパリのレストランメニューに載ったのは、19世紀のこと。市場で働く人や夜遊びをする人たちに人気の一品だったそうです。

材料（2～3人分）

玉ねぎ…1と1/2個（300g）
▶縦に薄切り

ローリエ…1/2枚
パセリの茎…1本
グリュイエールチーズ
（またはピザ用チーズ）…40～50g
▶グリュイエールチーズはすりおろす

バゲット… 8㎜厚さ4～6枚
▶トーストする

A［塩…小さじ1
　　こしょう…少々

サラダ油…大さじ1

作り方

1. 厚手の鍋にサラダ油を熱し、玉ねぎをさっと炒めて全体に油をまわす。ふたをして弱火にし、ときどき混ぜながら10分ほど蒸し炒めにする。
2. ふたを取って中火にし、今度は水分をとばしながら、木べらでたえず炒める。鍋に焦げがこびりつくようになったら、焦げをめがけて水大さじ1を加え、全体があめ色になるまでじっくり25～30分炒める。
3. 水3カップを加え、中火で煮立ててアクを取る。ローリエ、パセリの茎を加えて5分ほど煮、Aで調味する。
4. ローリエ、パセリの茎を除き、耐熱の器に3を注ぎ入れて、バゲット、チーズの順にのせる。220℃に予熱したオーブンで10分ほど焼く。

水大さじ1を加えたら、焦げを煮溶かしながら、焼き色を玉ねぎに移すように炒めていきます。

チーズをたっぷりとかけてオーブンへ。

ポトフ

ポトフというと牛肉が一般的ですが、牛肉は味が濃いので、最近は豚肉で作っています。そのほうが食べやすく、キャベツにも合うように感じます。値段も牛肉よりも手ごろ。もっと気楽に作れるのではないでしょうか。

材料（作りやすい分量）

豚肩ロース肉（かたまり）…400g

キャベツ…小1/2個（500g）

▶芯をつけたまま半分に切る

玉ねぎ…１個（200g）

▶縦半分に切る

にんじん…大１本（200g）

▶皮をむく（丸ごと使う）

じゃがいも…２個（300g）

▶皮をむく（丸ごと使う）

A
- にんにく…１かけ
- ローリエ…１枚
- パセリの茎…２～３本
- タイム…２～３枝

B
- 塩…小さじ１
- こしょう…少々

（好みで）粒マスタード・粗塩…各適量

作り方

1 大きめの鍋に水４～５カップと豚肉を入れ、中火にかける。煮立ったらアクを取り、**A**の香味材料を加える。ふたをし、弱火で40～50分煮る。

2 にんじんを加え、10分ほどしたら残りの野菜とじゃがいもを加える。**B**で調味し、すべての材料がやわらかくなるまでふたをして30～40分煮込む。

3 肉を取り出し、１cm厚さほどに切る。野菜は食べやすく切る。器に盛り、好みで粒マスタードと粗塩を添える。

ボルシチ

ボルシチはロシア発祥と思っていましたが、
ルーツはウクライナの家庭料理でした。
最近は生のビーツが手に入るようになり、
鮮やかな色のボルシチが作れます。ビーツは下ゆでをせず、
玉ねぎとにんじんに加えて炒めるだけなので、扱いは簡単です。

材料（２人分）

牛肉（切り落とし）…150g
▶塩・こしょう各少々をまぶす

玉ねぎ…1/4個（50g）
▶縦に薄切り

にんじん…1/5本（30g）
▶細切り

ビーツ…１個（100g）
▶皮をむき、6～7㎜幅の細切り

キャベツ…１～２枚（100g）
▶１㎝幅のせん切り

トマト…１個（150g）
▶１㎝角に切る

にんにく…１かけ
▶薄切り

ローリエ…1/2枚
A［塩…小さじ１　こしょう…少々
サラダ油…大さじ1/2+大さじ1/2
サワークリーム・（好みで）ディル…各適量

作り方

1 フライパンにサラダ油大さじ1/2を熱し、牛肉を広げながら入れて炒める。色が変わったら取り出す。

2 １のフライパンにサラダ油大さじ1/2を熱して、にんにく、玉ねぎ、にんじんをしんなりするまで炒め、ビーツを加えて炒める。

3 水２と1/2カップを加え、煮立ったら１を戻し入れる。キャベツ、トマト、ローリエも加え、Aで調味する。ふたをし、弱火で20分ほど煮る。器に盛り、サワークリームをのせ、好みでディルを添える。

ガスパッチョ

トマトを中心とした夏野菜を、オリーブ油、レモン汁、にんにくなどで調味し、冷たくしていただきます。まさに「飲むサラダ」です。本来は濃度づけにパンを加えますが、わが家はさらりとしたほうが好みなので、野菜だけで作ります。

材料（2人分）

トマト（完熟）…2個（300g）
▶ 2㎝角に切る

赤パプリカ…1/2個（100g）
▶ 2㎝四方に切る

きゅうり…1/2本（50g）
▶ 2㎝角に切る

玉ねぎ…大1/8個（30g）
▶ 2㎝角ほどの粗切り

おろしにんにく…少々

A
- 塩…小さじ1/3
- こしょう…少々
- レモン汁…大さじ1/2
- オリーブ油…小さじ1

きゅうり（浮き実用）…少々
▶ 5㎜角に切る

（好みで）オリーブ油・チリペッパーソース…各少々

作り方

1 ミキサーに、トマト、赤パプリカ、きゅうり、玉ねぎ、にんにくを入れて、なめらかになるまで撹拌する。

2 ボウルに移し、Aで調味して冷蔵室で冷やす。器に盛り、浮き実用のきゅうりを散らし、好みでオリーブ油、チリペッパーソースをふる。

冷や汁

高温多湿の宮崎県生まれの郷土料理です。
近年の猛暑を考えると、日本中に広まってもよいかもしれません。
干もののたんぱく質と塩分、野菜のミネラルを含む
冷たいみそ汁は、キリッとして、夏の食欲を刺激してくれます。
ここに豆腐を加えることもあります。

材料（２人分）

あじの干もの…１尾（正味80g）
▶焼いて身をほぐす

きゅうり…１本（100g）
▶小口切りにし、塩少々をふって５分ほどおき、水けを絞る

長ねぎ…５㎝（10g）
▶小口切り

みょうが…２個
▶小口切り

青じそ…５枚
▶せん切り

みそ…大さじ２
白いりごま…大さじ1/2
冷水…１と1/2カップ
ごはん（温かいもの）…適量

作り方

1 みそはアルミ箔に４～５㎝四方に塗りのばし、オーブントースターに入れて５分ほど焼き目をつける。

2 ボウルに 1 を移し、冷水を少しずつ加えてのばす。あじの干もの、きゅうり、長ねぎ、みょうが、青じそ、白ごまを加えて混ぜる。ごはんにかける。

シェントウジャン

台湾の朝ごはんの定番スープです。豆乳に酢を加え、おぼろ豆腐よりやわらかく、ゆるゆるに凝固させます。具材にザーサイは欠かせません。味だけでなく、食をすすめる食感のアクセントです。豆乳は沸騰させないように注意してください。

材料（２人分）

豆乳（無調整）…２カップ
味つきザーサイ…大さじ２
▶みじん切り

桜えび…大さじ１
▶粗みじん切り

A［しょうゆ・ごま油…各小さじ１
黒酢…大さじ１
塩…少々］
▶混ぜ合わせる

パクチー…少々
▶ざく切り

（好みで）ラー油…少々

作り方

1 小鍋に豆乳を入れ、中火で鍋のふちにフツフツと泡が出るくらいまで温める。

2 器にザーサイ、桜えび、**A**を1/2量ずつ入れ、**1** を注ぐ。ひと混ぜして、１～２分おく。パクチー、好みでラー油をかけていただく。

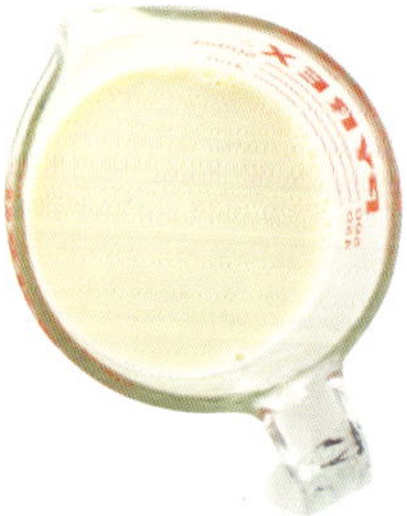

もう何回作ってきたことでしょう。
塩味、酸味、辛みのバランスがよく、
歯ごたえもいい。そしてたんぱく質量が満点！
鶏肉のほかに豆腐も卵も入ります。
たまには、麺やごはんを加えることも。

サンラータン

材料（2人分）

鶏ささ身…50g
▶細切りにし、酒小さじ1、しょうゆ小さじ1/2をからめ、片栗粉小さじ1をまぶす

絹ごし豆腐…1/4丁（75g）
▶5㎜幅の細切り

ゆでたけのこ…50g
▶せん切り

きくらげ（乾燥）…3g
▶袋の表示どおりにもどし、もみ洗いをして、せん切り

溶き卵…1個分

A
- 酒…大さじ1
- しょうゆ…大さじ1/2
- 塩… 小さじ1/2

水溶き片栗粉
- 片栗粉…大さじ1
- 水…大さじ2

▶混ぜ合わせる

B
- パクチー…1株
  ▶2㎝長さに切る
- 長ねぎ…5㎝
  ▶みじん切り
- しょうが…1/2かけ
  ▶みじん切り

C
- 黒酢…大さじ1
- ラー油…小さじ1
- ごま油・こしょう…各少々

作り方

1 鍋に水2と1/2カップを煮立て、鶏肉をほぐし入れる。たけのこ、きくらげを加え、再び煮立ててアクを取り、Aで調味する。

2 水溶き片栗粉でとろみをつけ、溶き卵を流し入れてひと混ぜする。豆腐を加え、煮立ったら火を止める。Bを加えて器に盛り、Cを1/2量ずつふってひと混ぜする。

豚汁

材料（2人分）

豚肉（こま切れ）…100g
▶ 1～2㎝幅に切る

大根…150g
▶ 5㎜厚さのいちょう切り

にんじん…1/3本（50g）
▶ 3㎜厚さのいちょう切り

ごぼう…1/4本（50g）
▶ 3㎜厚さの輪切りにし、水に5分ほどさらし、水けをきる

長ねぎ…1/3本（30g）
▶小口切り

みそ…大さじ2
ごま油…大さじ1

作り方

1 鍋にごま油を熱し、豚肉を色が変わるまで炒める。大根、にんじん、ごぼうを入れて2～3分炒め、野菜がしんなりしたら水3カップを加えて煮立てる。アクを取り、ふたをして弱火で10分ほど煮る。

2 みそを煮汁で溶きのばしながら加え、ひと煮する。最後に長ねぎを加え、さっと火を通す。

わが家の豚汁に必ず入る食材は、豚肉、大根、にんじん、ごぼう、長ねぎ。時によって、ここにこんにゃくか里いも、あるいはその両方が加わります。これだけの具が入り、ごま油で炒めるので、だし汁ではなく水で充分。長く煮すぎないことも、わが家の豚汁の決まりです。

みそはそのまま落とし入れると固まりがちなので、煮汁で溶きのばしてから加えるようにしています。

ごま油が野菜にからまり、軽くなじむように炒めます。

すいとん汁

夫の出身地、埼玉県はすいとんが名物。
当然、夫もすいとんに一家言もっています。その助言をもとに、
ようやく芯がなく、なめらかなすいとんを作ることができました。
コツはすいとん生地を早めに準備してねかせておくこと。
そして中まで火が通るようによく煮ることです。

材料（2人分）

すいとん
- 小麦粉…1カップ
- 水…90mℓ
- 塩…ひとつまみ

鶏もも肉…1/2枚（150g）
▶ 2㎝大に切る

大根…100g
▶ 4㎝長さの短冊切り

ごぼう…1/4本（50g）
▶ささがきにし、水に5分ほどさらして、水けをきる

かぼちゃ…100g
▶ 1㎝厚さのひと口大に切る

しいたけ…4枚（60g）
▶ 1㎝厚さに切る

長ねぎ…1/2本（50g）
▶ 2㎝長さに切る

A
- 酒・みりん・しょうゆ…各大さじ1
- 塩…小さじ1/2

作り方

1 すいとんを作る。ボウルに材料を入れ、菜箸でよく混ぜ合わせる。そのまま30分ほどねかせる。

2 鍋に水3カップ、大根、ごぼうを入れ、ふたをして煮立てる。1を水でぬらしたスプーンですくい、落とし入れる。ふたをして10分ほど煮る。

3 鶏肉を加え、アクを取って、かぼちゃ、しいたけを加えて2～3分煮る。Aで調味し、長ねぎを加えて2～3分煮る。

沢煮椀

肉入りのすまし汁は珍しく、ボリューム感があることから、育ち盛りの子供たちのためによく作ってきました。元は猟師が背脂肉と山菜で作っていた料理だそうです。そのため一般には豚の背脂を加えて作りますが、私は豚肉にかえてしまいました。

材料（2人分）

豚肉（こま切れ）…40g
▶細切り

にんじん…30g
▶ 4 ㎝長さに切り、
繊維に沿ってせん切り

ゆでたけのこ…40g
▶ 4 ㎝長さに切り、
繊維に沿ってせん切り

えのきだけ…1/2パック（50g）
▶長さを半分に切る

みつば…1/2束（25g）
▶ 4 ㎝長さに切る

A
- 酒…大さじ1
- しょうゆ…小さじ1
- 塩…小さじ2/3

（好みで）粗びき黒こしょう…少々

作り方

1 鍋に水2と1/2カップを煮立て、豚肉をほぐし入れる。アクを取り、にんじんを加えてひと煮し、たけのこ、えのきだけを加えて1～2分煮る。Aで調味し、最後にみつばを加える。器に盛り、好みで黒こしょうをふる。

季節のみそ汁

みそ汁の具に旬の食材を加え、季節感を楽しむこともあります。みそ汁の味わいの深さに、改めてハッとする瞬間です。

たけのことわかめのみそ汁

春

たけのこのみそ汁は一番待ち遠しく感じます。ていねいにだしをとって、出合いものであるわかめ、彩りとしての絹さやを添えます。たけのこはやわらかく苦みの少ない穂先を、姫皮ごと使います。芽吹きの香りと甘みがみその風味でさらに際立ちます。

材料（２人分）

ゆでたけのこ（穂先）…100g
▶ ４㎝長さに切り、姫皮をつけたまま縦半分にして２〜３㎜厚さに切る

塩蔵わかめ…５g
▶流水でもみ洗いして水けを絞り、食べやすく切る

絹さや…20g
▶筋を取り、大きければ斜め半分に切る

だし汁…２カップ
みそ…大さじ１と1/2

作り方

1 鍋にだし汁を煮立て、たけのこを入れてひと煮する。絹さやを加えて弱火にし、みそを溶き入れる。最後にわかめを加え、ひと煮する。

夏

炒めなすのみそ汁

夏はいったい何回なすを食べるのでしょうか。数えたことはありませんが、結構な数のはずです。当然みそ汁にも登場します。ただ、どうもわが家には年ごとにレシピの流行りがあって、去年は「焼きなす」、今年はもっぱら「炒めなす」でした。

材料（２人分）

なす…１個（100g）
▶縦半分に切り、７～８㎜幅の斜め切り

みょうが…１個（20g）
▶小口切り

だし汁…２カップ
みそ…大さじ２
ごま油…大さじ１

作り方

1 鍋にごま油を熱し、なすをしんなりするまで２～３分炒める。

2 だし汁を加えて煮立て、ふたをして弱火で３～４分煮る。みそを溶き入れてひと煮する。器に盛り、みょうがを散らす。

秋

まいたけとごぼうのみそ汁

菌床栽培が普及し、一年を通して入手できるきのこ類ですが、「旬は秋」と頭にたたき込まれているせいでしょうか、秋にいただくと、より食欲がそそられます。合わせるのは、ごぼう。その土の香りにからだを養うエネルギーを感じます。

材料（2人分）

まいたけ…1/2パック（50g）
▶細かくほぐす

ごぼう…1/3本（70g）
▶ささがきにし、水に5分さらし、水けをきる

だし汁…2カップ
みそ…大さじ1と1/2

作り方

1 鍋にだし汁とごぼうを入れ、ふたをして煮立て、弱火で5分ほど煮る。ごぼうがやわらかくなったら、まいたけを加え、ひと煮する。みそを溶き入れ、再びひと煮する。

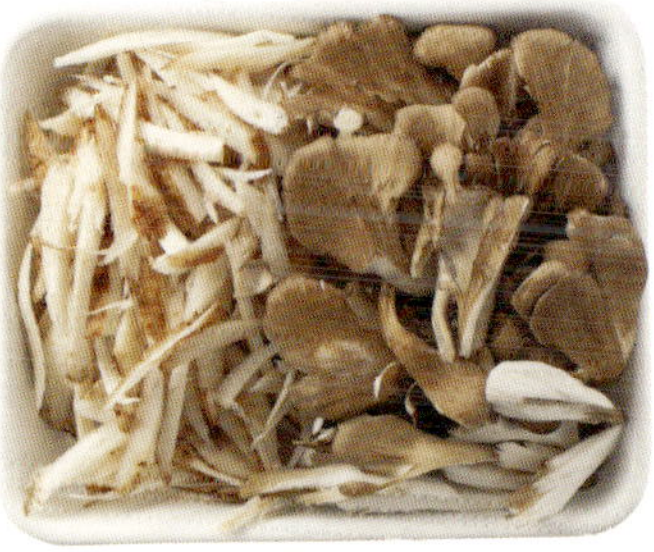

大根と里いもの白みそ汁

冬

いつもは自家製の田舎みそを使いますが、冬はまったりとした味をからだが欲するので、甘口の白みそを使うこともあります。具は冬の常備野菜である大根と小松菜。そこにねっとりとした食感の里いもを加えるのが、わが家の味。味を引き締めるため、溶きがらしを添えていただきます。

材料（2人分）

大根…100g
▶ 1㎝厚さのいちょう切り

里いも…小2個（120g）
▶ 1㎝厚さの半月切り

小松菜…1/2株（30g）
▶ 3㎝長さに切る

だし汁…2カップ
白みそ（西京みそ）…大さじ3
A ┌塩…小さじ1/4
　 └しょうゆ…小さじ1/3
溶きがらし…適量

作り方

1 鍋にだし汁と大根を入れ、ふたをして煮立てる。弱火にし、大根に竹串が通るまで5〜6分煮る。里いもを加え、5分ほど煮て、やわらかくなったら小松菜を加えてひと煮する。

2 白みそに1の煮汁少々を加えて溶き、1に加える。Aで味を調え、器に盛り、溶きがらしを添える。

撮影／南雲保夫
ブックデザイン／川崎洋子
スタイリング／佐々木カナコ
取材・文／遠田敬子
校閲／安藤尚子、河野久美子
調理補助／荻田尚子、泉名彩乃
編集／上野まどか

石原洋子

料理研究家。1946年生まれ。日本料理、フランス料理、中国料理をその道の第一人者から学んだのち、自宅で料理教室を主宰。料理教室の歴史は半世紀近くに及び、なかには当初から通い続ける生徒がいるほど、信頼が厚い。一方、テレビ、雑誌、書籍の分野でも活躍し、そのレシピはしっかりとした基礎と豊富な知識に基づき、だれが作ってもおいしいと定評がある。夫は、元ホテルオークラ総料理長の根岸規雄氏。近著に『忙しい人ほど楽になる！圧力鍋の生涯作り続けたいレシピ100』、『石原洋子の梅干し 梅酒 梅料理』、『石原洋子の昔ながらのおかず』(すべて主婦と生活社刊)がある。

77歳、石原洋子のからだが整うスープ

著　者　石原洋子
編集人　東田卓郎
発行人　殿塚郁夫
発行所　株式会社主婦と生活社
〒104-8357 東京都中央区京橋 3-5-7
［編集部］TEL 03-3563-5129
［販売部］TEL 03-3563-5121
［生産部］TEL 03-3563-5125
https://www.shufu.co.jp
jituyou_shufusei@mb.shufu.co.jp
製版所　東京カラーフォト・プロセス株式会社
印刷所　大日本印刷株式会社
製本所　小泉製本株式会社

ISBN978-4-391-16355-1